ENGLISH MAORI

Topical Dictionary

By Jessy Gonzales

Table of Contents

English   Maori 7

MAIN CONCEPTS   ariā matua 7

- **Pronouns**   Pronouns 7
- **Basic phrases**   Ngā kīanga taketake 7
- **How to address a person**   Appeals 8
- **Numbers from 0 to 100**   Ngā tau mai i 0 ki 100 9
- **Numbers from 100 to milliard**   Ngā tau mai i 100 ki milliard 11
- **Ordinal Numbers**   Tau raupapa Ngā Tau 12
- **Fractions**   Ngā hautanga 12
- **Mathematical Operations**   Ngā pāngarau Mahinga 13
- **Words involved in calculations**   Ngā kupu i roto i ngā tatauranga 13
- **Most important Verbs**   Nuinga tino Ngā tūmahi 14
- **Colors**   Ngā tae 20
- **Most Popular Questions**   Ngā Pātai tino pai 22
- **Prepositions**   Uhono 23
- **Basic Introductory Words and Adverbs**   Ngā Kupu Poumarama taketake me Adverbs 23
- **Basic Introductory Words and Adverbs**   Ko nga Kupu Whakamatau Tuarua me nga Whakatikatika   27
- **Days of the week**   Nga ra o te wiki 28
- **Times of Day**   Tuhinga o mua 29
- **Seasons**   Nga waahi 31
- **Words about time**   Nga kupu mo te waa 34
- **The main antonyms**   Ko nga Hinengaro tino 35
- **Geometric shapes**   Nga hanga Geometric 38
- **Measures**   Inenga 40
- **Capacities**   Ngahinga 42
- **Materials**   Nga taonga 43
- **Metalls**   Metarua 44
- **Human**   Te tangata 45
- **Anatomy**   Totorere 46
- **Head**   Upoko 47
- **Body Parts**   Nga wahi o te Tinana 49

Clothes Kakahu 50
   outerwear   outerwear 50
   Clothes   Kakahu 51
   Undergarments   Undergarments 52
   Hats   Pōtae 52
   Shoes   Hu 53
   Tissue   Maretai kikonga 54
   Accessories   Apatoko 54
   Kakahu 55
   Hygiene and cosmetics   Hygiene me cosmetics 57
   Jewelry   Jewelry 58
   Watch   Mātakitaki 59

Food Kai 60
   Food   Kai 60
   Drinks   Inu 63
   Vegetables   Manga 65
   Fruits and Nuts   Hua me te Porowiri 66
   Bread and Sweets   Taro me te Rare 68
   Courses   Ngā akoranga 68
   Spices and seasonings   Nga mea kakara me seasonings 70
   Words for eating   Kupu hei kai 71
   Paokaoka 73
   Restaurant   Wharekai 73

E karapoti ana 74
   Questionnaire   Uiuitanga 74
   Relatives   Whanaunga 74
   Friends and Collegues   Hoa me Collegues 77
   Words about people   Kupu mō ngā tāngata 77

Oranga 80
   Oranga 80
   Feelings   Kōhengi 82
   Personal Traits   Āhuatanga whaiaro 84
   Sleep   Moe 87

Talk	Korero	91
Agreement and Disagreement	Whakaaetanga me Whakatuakore	94
Success and defeat	He angitu me te hinga	95
Te wairua rere		96
Medicine	Te rongoa	99
Illness	Te mate	99
Symptoms and Treatment	Tohungia me te maimoatanga	102
Medical specialties	Nga mea hauora	106
Medicines	Nga rongoa	107
Smoking	Te Whanui	108

English	Maori

MAIN CONCEPTS ariā matua

Pronouns Pronouns

I , me	Ahau, ahau
you	koe
he	ia
she	Ia
it	e
we	Matou
you	koe
they	ratou

Basic phrases Ngā kīanga taketake

Hello!	Kia ora!
Hello!	Kia ora!
Good morning!	Ata mārie,!
Good afternoon!	Ngā mihi o te awatea,!
Good evening!	Ngā mihi o te ahiahi!!
to say hello	ki te mea kia ora
Hi!	Kia ora!
greeting	Mihi
to greet	mihi

How are you?	Kei te pēhea koe?
What's new?	Ngā Mea Hōu?
Bye-Bye! Goodbye!	Whakana-Whakana! Ka kite!
See you soon!	Ka kite i a koe ākuanei!
to say goodbye	kia penei te haere
Cheers!	Umere!
Thank you!	Ngā mihi!
Thank you very much!	Tēnā rawa atu koe!
My pleasure!	Nāku te hūmārie!
Don't mention it!	Kaua e whakahuatia!
Excuse me!	Aroha mai!
to excuse	ki te takutakunga
to apologize	ki te mai
My apologies	Moo whakawāteatanga
I'm sorry!	Aroha mai!
It's okay!	Pai noa!
please	Tēnā koa
Don't forget!	Kaua e wareware!
Certainly!	Kaore he rite.
Of course not!	Kore rawa!
Okay!	Ka pai!
That's enough!	Ka nui tēnā!

How to address a person   Appeals

mister, sir	mita, e kara

madam	e kui
miss	hapa
young man	Taitāhake
young man	Taitāhake
miss	hapa

Numbers from 0 to 100 Ngā tau mai i 0 ki 100

zero	kore
one	kotahi
two	E rua
three	Toru
four	E wha
five	Rima
six	E ono
seven	Whitu
eight	Waru
nine	Iwa
ten	Tekau
eleven	Tekau ma tahi
twelve	Tekau ma rua
thirteen	Āwherika ki te Tonga
fourteen	Tekau ma wha
fifteen	15
sixteen	Te Āhua o te Rohe

seventeen	tekau ma whitu
eighteen	tekau ma waru
nineteen	19
twenty	Rua tekau
twenty-one	rua tekau
twenty-two	rua tekau ma rua
twenty-three	rua tekau ma toru
thirty	Toru tekau
thirty-one	toru tekau
thirty-two	32
thirty-three	33
forty	40
forty-one	41
forty-two	42
forty-three	43
fifty	50
fifty-one	51
fifty-two	52
fifty-three	53
sixty	60
sixty-one	61
sixty-two	62
sixty-three	63
seventy	70

seventy-one	71
seventy-two	72
seventy-three	73
eighty	80
eighty-one	81
eighty-two	82
eighty-three	83
ninety	90
ninety-one	91
ninety-two	92
ninety-three	93

Numbers from 100 to milliard Ngā tau mai i 100 ki milliard

one hundred	Kotahi rau
two hundred	200
three hundred	300
four hundred	400
five hundred	500
six hundred	600
seven hundred	700
eight hundred	800
nine hundred	900
thousand	Mano
two thousand	2000
three thousand	3000

ten thousand	10000
one hundred thousand	100,000
million	Miriona
billion	Piri

Ordinal Numbers Tau raupapa Ngā Tau

first	tuatahi
second	Tuarua
third	Tuatoru
fourth	Tonga
fifth	5 5
sixth	6
seventh	Te tuawhitu
eighth	8
ninth	Āwherika ki te Tonga
tenth	whakatekau

Fractions   Ngā hautanga

fraction	Te hunga o te tangata
one half	kotahi hawhe
one third	kotahi tuatoru
one quarter	tētahi hauwhā
one eighth	kotahi te waru
one tenth	kotahi te whakatekau
two thirds	thirds e rua

three quarters	toru nga hauwhā

Mathematical Operations — Ngā pāngarau Mahinga

subtraction	tango
to subtract	ki te tangohia
division	Te hunga o te tangata
to divide	hei whakawehe
addition	Tāpiri
to add up	hei tāpiri i
to add	hei tāpiri
multiplication	whakareatanga
to multiply	Āwherika ki te Tonga

Words involved in calculations — Ngā kupu i roto i ngā tatauranga

figure	Ahua
number	tau tau
numeral	tohutau
minus	tohu tango
plus	Tāpiri
formula	Tonga
calculation	Āwherika ki te Tonga
to count	ki te tatau
to compare	hei whakataurite
How much?	E hia?
How many?	E hia?

sum, total	tapeke
result	Putanga
remainder	Ora
a few ...	He ruarua...
few ...	Ētahi atu...
the rest	Te okiokinga
one and a half	kotahi me te hawhe
dozen	Te Hononga i te
in half	i te haurua
equally	Kei te tonga ahau
half	hawhe
time	wā wā

Most important Verbs Nuinga tino Ngā tūmahi

to run	hei whakahaere
to be afraid	kia wehi
to take	kia tangohia
to be	kia
to see	Kia kite
to own	ki muri
to object	ki te ahanoa
to come in	kia haere mai
to choose	hei kōwhiri
to go out	kia haere

to speak	ki te korero
to cook	ki te hoki
to give	Kia hoatu
to do	hei mahi
to trust	whakawhirinaki
to think	whakaaro
to complain	ki te amuamu
to wait	tatari
to forget	ki te wareware
to have breakfast	kia parakuihi
to order	hei raupapa
to finish	hei whakaoti
to notice	hei pānui
to write down	hei tuhi whakararo
to defend	ki te tiakina
to call	Karanga
to know	Kia mōhio
to know	Kia mōhio
to play	purei
to go	ki te haere
to excuse	ki te takutakunga
to change	hei huri
to study	hei whakamātau
to have	kia

to be interested in ...	kia tūpato i te...
to inform	ki te whakamōhio atu
to look for ...	hei kimi...
to control	hei whakahaere
to steal	tahae
to shout	hamama
to go for a swim	hei haere ki te kaukau
to fly	kia rere
to catch	hei hopu
to break	kokoti
to love	Aroha
to pray	inoi
to keep silent	kia mau ki te wahangu
can	Ka taea te
to observe	kia mau
to hope	kia tumanako
to punish	whiua
to insist	ki te whakanonoi
to find	Kia kimi
to begin	hei tīmata
to underestimate	ki te whakahāweatia
to fancy	ki te rerehua
to have lunch	kia tina
to promise	ki te kupu

to deceive	ki te tinihanga
to discuss	Kōrero ki te kōrero
to unite	ki te whakatapatahitia
to explain	whakamārama
to mean	tau
to liberate	ki te wetekina
to insult	ki te muhani
to stop	kia mutu
to answer	ki te whakautu
to guess right	hei matapae matau
to refuse	ki te kore
to open	hei tūwhera
to send	hei tuku
to hunt	ki te whai
to make a mistake	hei hanga hē
to fall	taka
to translate	whakawhiti
to write	Kia tuhi
to swim	ki te kaukau
to cry	Tangi
to plan	ki te mahere
to pay	utu
to turn	hei whakakā
to repeat	hei tārua

to sign	hei takiuru
to give a hint	hei hoatu tīwhiri
to show	hei whakaatu
to help	āwhina ki te āwhina
to understand	matau
to expect	kia tūmanako
to propose	ki te whakatakoto
to prefer	kia pai
to warn	hei whakatupato
to stop	kia mutu
to invite	hei tono
to arrive	hei tae
to order	hei raupapa
to belong to ...	Ki te...
to try	Kia tohe
to sell	ki te hoko
to continue	kia haere tonu
to pronounce	kia whakahua
to miss	kia hapa
to ask	tono
to forgive	muru
to hide	hei huna
to confuse, to mix up	ki te confuse, ki te whāranu ake
to work	Kia mahi

to permit	ki te whakaae
to count on ...	hei tatau i te...
to reserve, to book	hei rāhui, ki te pukapuka
to recommend	taunaki
to drop	hei whakataka
to scold	ki te kohete
to run, to manage	hei whakahaere, hei whakahaere
to dig	ki te keri
to sit down	kia noho
to say	ki atu
to follow ...	hei whai atu...
to hear	kia rongo
to laugh	kata
to rent	haea
to advise	ki te tohutohu
to agree	kia whakaae
to regret	ki te āwhiti
to create	hei waihanga
to doubt	kia rangirua
to keep	kia puritia
to save, to rescue	hei tiaki, hei whakaora
to ask	tono
to come down	kia haere
to compare	hei whakataurite

to cost	utu
to shoot	ki te kopere
to exist	ki te tīariari
to count	ki te tatau
to hurry	Āwherika ki te Tonga
to demand	hei tono
to be needed	kia hiahiatia
to touch	hei pā
to kill	patu
to threaten	ki te whakawehi
to be surprised	kia mīharo
to have dinner	kia hapa
to decorate	ki te whakarākei
to smile	kia taea
to mention	whakahua
to participate	hei whakauru
to boast	kia whakamanamana
to want	Kia pīrangi
to be hungry	kia mate
to be thirsty	kia tūpato
to read	hei pānui
to joke	ki te paki

Colors   Ngā tae

colour	Kara

shade	Wahine
hue	hākano
rainbow	Aniwaniwa
white	Mā
black	Pango
grey	kiwikiwi
green	Kākāriki
yellow	Kōwhai
red	Whero
blue	Kikorangi
light blue	Ōrangitea
pink	Māwhero
orange	Karaka
violet	Waereti
brown	Parauri
golden	Koura
silvery	kakonu
beige	beige
cream	kirīmi
turquoise	kārikirangi
cherry red	whero rakau
lilac	Te rairaka
crimson	whero
light	Marama

dark	Pouri
bright	Tiaho
coloured	Te Hononga o Taua
colour	Kara
black-and-white	pango-me-mā
plain	Tōkau
multicoloured	opurepure

Most Popular Questions — Ngā Pātai tino pai

Questions	ngā pātai
Who?	Ko wai?
What?	He aha?
Where?	Kei hea?
Where?	Kei hea?
Where ... from?	Kei hea... Mai i?
When?	Ina?
Why?	He aha?
What for?	Hei aha?
How?	Me pēhea?
Which?	Nei?
To whom?	Ki a wai?
About whom?	Mo wai?
About what?	He aha?
With whom?	Ki a wai?

How many?	E hia?
How much?	E hia?
Whose?	Nei?

Prepositions   Uhono

with	ki
without	Me te kore
to	ki
about	mō
before	I mua i te
under	I raro i
above	Carolina tonga
on	WHAKAKĀ
from	Mai i
of	o
in	I
over	runga

Basic Introductory Words and Adverbs   Ngā Kupu Poumarama taketake me Adverbs

Where?	Kei hea?
here	Konei
there	He
somewhere	Tonga
nowhere	Nowhere
by	nā

by the window	e te matapihi
Where?	Kei hea?
here	Konei
there	He
from here	mai i konei
from there	i reira
close	Katia
far	Tawhiti
not far	Kore noa iho
left	Mauī
on the left	i te taha mauī
to the left	ki te taha mauī
right	Matau
on the right	i te taha matau
to the right	ki te taha matau
in front	i mua
front	mua
ahead	Ehara i te
behind	Āwherika ki te Tonga
from behind	i muri
back	Whakamuri
middle	Waenganui
in the middle	i waenganui
at the side	I te taha

everywhere	Ora
around	I
from inside	I roto
somewhere	Tonga
straight	Tōtika
back	Whakamuri
from anywhere	mai i hea
from somewhere	mai i wāhi
firstly	firstly
secondly	Secondly
thirdly	thirdly
suddenly	Āwherika ki te Tonga
at first	i te tuatahi
for the first time	mō te wā tuatahi
long before ...	Roa...
for good	mō te pai
never	Kaua rawa e
again	Anō
now	Ināianei
often	Residents
then	Ka
urgently	Te
usually	Tonga
by the way, ...	Kia mōhio mai koe...

possible	Weera tonga
probably	Āwherika ki te Tonga
maybe	Tonga
besides ...	Ehara i te whakaaro pai ki
that's why ...	he aha tēnā...
in spite of...	Ahakoa...
thanks to ...	Whakawhetai ki...
what	He aha
that	He
something	tētahi mea
anything, something	he aha, he mea
nothing	Kahore
who	Ko wai
someone	Tētahi
somebody	Wahine
nobody	Kaore tangata
nowhere	Nowhere
nobody's	O kaore tangata
somebody's	A te wahine
so	Kia
also	Hoki
too	He rawa

Basic Introductory Words and Adverbs Ko nga Kupu Whakamatau Tuarua me nga Whakatikatika

Why?	Nā te aha i pērā ai?
for some reason	mo etahi take
because ...	na te mea ...
and	me ngā
or	ranei
but	engari
for	mo
too	ano hoki
only	anake
exactly	rite tonu
about	mo
approximately	tata
approximate	whakaata
almost	tata
the rest	te toenga
the other	te atu
other	tetahi atu
each	mo ia
any	o tetahi
much	nui
many	tini
many people	he maha nga iwi

all	katoa
in exchange for…	hei utu mo te…
in exchange	hei utu
by hand	ma te ringaringa
hardly	whakauaua
probably	pea
on purpose	i runga i te kaupapa
by accident	na te aitua ra
very	rawa
for example	hei tauira
between	i waenga
among	roto
so much	nui
especially	tautautefito

Days of the week Nga ra o te wiki

Monday	Ite
Tuesday	Rātapu
Wednesday	Wenerei
Thursday	Rāpare
Friday	Paraire
Saturday	Hatarei
Sunday	Rātapu
today	inanahi

tomorrow	āpōpō
the day after tomorrow	te ra i muri mai apopo
yesterday	inanahi
the day before yesterday	inanahi
day	rā
working day	rā mahi
public holiday	hararei tūmatanui
day off	ra
weekend	wiki
all day long	i te ra katoa
next day	a muri atu
two days ago	e rua rā i mua
the day before	Tuhinga o mua
daily	ia rā
every day	i nga ra katoa
week	wiki
last week	i te wiki whakamutunga
next week	wiki a muri
weekly	wiki
every week	i ia wiki
twice a week	e rua taima i te wiki
every Tuesday	i nga Rātapu

Times of Day Tuhinga o mua

morning	ata

in the morning	i roto i te ata
noon, midday	porangi, poutumarotanga
in the afternoon	i roto i te ahiahi
evening	ahiahi
in the evening	i roto i te ahiahi
night	po
at night	i te po
midnight	waenganui po
second	tuarua
minute	meneti
hour	haora
half an hour	hawhe haora
quarter of an hour	wehenga o te haora
fifteen minutes	tekau mā rima meneti
twenty four hours	rua tekau ma wha haora
sunrise	whiti
dawn	ata
early morning	ata wawe
sunset	Tuhinga o mua
early in the morning	i te ata
today in the morning	i tenei ata i te ata
tomorrow moning	apopo moning
this afternoon	tenei ahiahi
in the afternoon	i roto i te ahiahi

tomorrow afternoon	Apopo ahiahi
tonight	tenei po
tomorrow night	apopo
at 3 o'clock sharp	i te toru karaka i te ata
about 4 o'clock	no te wha karaka i te 4 karaka
by 12 o'clock	tae noa ki te 12 karaka
in 20 minutes	i roto i te 20 meneti
in an hour	i roto i te haora
on time	i runga i te waa
a quaretr to…	he tautohetohe ki…
withing an hour	me te haora
every 15 minutes	nga 15 meneti
round the clock	tawhio i te karaka

Seasons   Nga waahi

January	Hanuere
February	Hui-tanguru
March	Poutu-te-Rangi
April	Paenga-whāwhā
May	Mei
June	Hune
July	Hurae
August	Akuhata
September	Mahuru

October	Oketopa
November	Whiringa
December	Hakihea
spring	puna
in spring	i roto i te puna
spring	puna
summer	raumati
in summer	i te raumati
summer	raumati
autumn	ngahuru
in autumn	i te ngahuru
autumn	ngahuru
winter	te takurua
in winter	i te takurua
winter	te takurua
month	marama
this month	tenei marama
next month	ā tērā marama
last month	i te marama whakamutunga
a month ago	Kotahi marama i mua
in a month	i roto i te marama
in two months	i nga marama e rua
a whole month	mo te marama kotahi
all month long	marama katoa

monthly	marama
bi-monthly	rua-marama
every month	i ia marama
twice a month	e rua taima i te marama
year	tau
this year	tenei tau
next year	a muri atu
last year	i te tau whakamutunga
a year ago	tau ki muri
in a year	i roto i te tau
in two years	i nga tau e rua
a whole year	he tau
all year long	tau katoa
every year	i ia tau
annual	ā-tau
annually	ia tau
4 times a year	4 nga wa ia tau
date	rā
date	rā
calendar	maramataka
half a year	hawhe tau
six months	ono marama
season	wa
century	rau

Words about time   Nga kupu mo te waa

time	wā
instant	inamata
instant	inamata
period	wā
life	te ora
eternity	mure ore
epoch	wā
era	era
cycle	huringa
term , period	wā, wā
the future	me te heke mai
future	muri
next time	whai muri
the past	Tuhinga o mua
past	Tuhinga o mua
last time	te wa whakamutunga
later	muri mai
after	i muri
nowadays	inaianei
now	inaianei
immediately	tonu
soon	e kore e roa

in advance	i mua
a long time ago	he wa roa
recently	inanahi
destiny	tūranga
memories	maumahara
archives	pūranga
during ...	i roto i ...
long, a long time	he wa roa, he wa roa
not long	kaua i roa
early	moata
late	te mutunga
forever	a ake ake
to start	hei tiimata
to postpone	ki te tuku
at the same time	i te wa ano
permanently	mau tonu
constant	mau tonu
temporary	wā poto
sometimes	i etahi wa
rarely	varavara
often	pinepine

The main antonyms — Ko nga Hinengaro tino

rich	momona
poor	rawakore

ill, sick	mate, mate
healthy	hauora
big	nui
small	iti
quickly	tere
slowly	āta haere
fast	tere
slow	pōturi
cheerful	koa
sad	pouri
together	tahi
separately	wehe
aloud	kā ngana
silently	ata noho
tall	teitei
low	iti
deep	hohonu
shallow	pāpaku
yes	āe
no	kahore kau
distant	tawhiti
nearby	tata
far	tawhiti
nearby	tata

long	roa
short	poto
good	pai
evil	hē
married	mārena
single	Kotahi
to forbid	kia whara
to permit	hei tuku
end	mutu
beginning	timatanga
left	maui
right	tika
first	tuatahi
last	whakamutunga
crime	hara
punishment	whiu
to order	ota
to obey	kia ngoikore
straight	tika
curved	kuripaka
heaven	rangi
hell	rehena
to be born	he whanau
to die	ki te mate

strong	pakari
weak	wha- kangoikore
old	koroua
young	taitamariki
old	koroua
new	hou
hard	uaua
soft	ngohengohe
warm	mahana
cold	makariri
fat	ngako
slim	pīrahi
narrow	whaiti
wide	whanui
good	pai
bad	mea kino
brave	maia
cowardly	kiriaku

Geometric shapes — Nga hanga Geometric

square	tapawha
square	tapawha
circle	porowhita
round	takiwa

triangle	tapatoru
triangular	tapatoru
oval	oval
oval	oval
rectangle	tapawhā
rectangular	tapawhā
pyramid	kopiri
rhombus	rhombus
trapezium	trapezium
cube	kūwaka
prism	pouaki
circumference	paenga
sphere	kōhiko
globe	Kupa
diameter	diameter
radius	radius
perimeter	perimeter
centre	pokapū
horizontal	whakapae
vertical	poutū
parallel	whakarari
parallel	whakarari
line	raina
stroke	whiu

straight line	raina tika
curve	ānau
thin	angiangi
contour	tohe
intersection	kōpaki
right angle	kokonga tika
segment	waahanga
sector	rāngai
side	taha
angle	koki

Measures Inenga

weight	whakataimaha
length	roa
width	whanui
height	teitei
depth	hōhonu
volume	rōrahi
area	rohe
gram	karamu
milligram	milligram
kilogram	kilogram
ton	ton
pound	paati
ounce	hāora

metre	mita
millimetre	whakariterite
centimetre	henimita
kilometre	kiromaka
mile	maero
inch	inihi
foot	waewae
yard	pāako
square metre	mita tapawha
hectare	heketea
litre	rita
degree	tohu
volt	volt
ampere	ampere
horsepower	Horsepower
quantity	rahinga
a little bit of ...	tetahi wahi iti o ...
half	hawhe
dozen	tekau
piece	ngohi
size	rahinga
scale	tauine
minimum	iti noa
the smallest	te mea iti

medium	reo waenga
maximum	rahinga
the largest	te nui

Capacities Ngahinga

jar	ipu
tin	lata
bucket	pakō
barrel	kāpō
basin	kīkau
tank	tank
hip flask	hip hi
jerry can	Ka taea e au
cistern	ururua
mug	mug
cup	kapu
saucer	ranu
glass (tumbler)	karaihe (tumbler)
glass	karaihe
stew pot	kohua paraoa
bottle	pounamu
neck	lei
carafe	puri
jug	hukahou

vessel	poti
pot	kohua
vase	poti
bottle	pounamu
vial, small bottle	pania, pounamu iti
tube	ngongo
sack (bag)	pēke (putea)
bag	putea
packet	paarua
box	pouaka
box	pouaka
basket	kete

Materials   Nga taonga

material	rauemi
wood	rakau
wooden	rakau
glass	karaihe
glass	karaihe
stone	kohatu
stone	kohatu
plastic	kirihou
plastic	kirihou
rubber	tatupū
rubber	tatupū

material, fabric	taonga, papanga
fabric	papanga
paper	pepa
paper	pepa
cardboard	kaakata
cardboard	kaakata
polythene	polyewee
cellophane	cellophane
linoleum	paparanga
plywood	taporo
porcelain	paitini
porcelain	paitini
clay	paru
clay	paru
ceramics	kauhau
ceramic	kowiri

Metalls   Metarua

metal	metara
metal	metara
alloy	alloy
gold	koura
gold, golden	oro, koura
silver	hiriwa

silver	hiriwa
iron	rino
iron, made of iron	he rino, he mea rino
steel	kowiri
steel	kowiri
copper	parahi
copper	parahi
aluminium	konumohe
aluminium	konumohe
bronze	parahi
bronze	parahi
brass	parahi
nickel	korikori
platinum	harakei
mercury	manakia
tin	lata
lead	arahi
zinc	marika

Human   Te tangata

human being	tangata
man	tangata
woman	wahine

child	tamaiti
girl	kōtiro
boy	taitama
teenager	matatahi
old man	kaumatua
old woman	kuia

Anatomy Totorere

organism	rauropi
heart	ngakau
blood	toto
artery	pūngākau
vein	iarau
brain	roro
nerve	io
nerves	io
vertebra	puaha
spine	tuaiwi
stomach	puku
intestines	terotero
intestine	piro
liver	ate
kidney	takihi
bone	Wheua

skeleton	Kōiwi
rib	rara
skull	angaanga
muscle	uaua
biceps	uarua
triceps	uatoru
tendon	peke
joint	takoki
lungs	pukapuka
genitals	genitals
skin	kiri

Head Upoko

head	Upoko
face	mata
nose	ihu
mouth	mangai
eye	kanohi
eyes	kanohi
pupil	tauira
eyebrow	rewha
eyelash	kamukamu
eyelid	rewha
tongue	arero
tooth	niho

lips	ngutu
cheekbones	cheekbones
gum	kāpia
palate	ngao
nostrils	pongaponga
chin	kauae
jaw	kauae
cheek	pāpāringa
forehead	rae
temple	Temepara
ear	taringa
back of the head	muri o te upoko
neck	kaki
throat	korokoro
hair	makawe
hairstyle	hairstyle
haircut	whakaihonga
wig	wig
moustache	whenguwhengu
beard	pahau
to have	kia
plait	whiri
sideboards	sideboards
red-haired	whero-ngahere

grey	kiwikiwi
bald	pakira
bald patch	pakira moanarua
ponytail	ponytail
fringe	take

Body Parts Nga wahi o te Tinana

hand	ringa
arm	ringa
finger	matimati
thumb	kōnui
little finger	matimati iti
nail	nēra
fist	meke
palm	nikau
wrist	tauri
forearm	kikowhiti
elbow	whatīanga
shoulder	pokohiwi
leg	waewae
foot	waewae
knee	turi
calf	kuao kau
hip	hope

heel	rekereke
body	tinana
stomach	puku
chest	Papahuia
breast	uma
flank	flank
back	Whakamuri
lower back	raro whakamuri
waist	hope
navel	pito
buttocks	papa
bottom	raro
beauty mark	tohu ataahua
tattoo	moko
scar	riwha

Clothes Kakahu

outerwear outerwear

clothes	kakahu
outer clothing	kākahu waho
winter clothing	kākahu hotoke
overcoat	owakoti
fur coat	koti huruhuru

fur jacket	huruhuru tiakete
down coat	koti whakararo
jacket	Koti
raincoat	tāpōrena
waterproof	pāka

Clothes   Kakahu

shirt	hāte
trousers	tarau
jeans	jeans
jacket	Koti
suit	hūtu
dress	kākahu
skirt	panekoti
blouse	hikurere
knitted jacket	parure tiakete
jacket	Koti
T-shirt	Hāte-T
shorts	tarau poto
tracksuit	hahana
bathrobe	bathrobe
pyjamas	pyjamas
sweater	sweater
pullover	pullover
waistcoat	wekete

tailcoat	tailcoat
dinner suit	he hapa i te hūtu
uniform	orite
work wear	mau mahi
boiler suit	kohue te hūtu
coat	koti

Undergarments Undergarments

underwear	kopu
vest	himi
socks	tōkena
nightgown	nightgown
bra	bra
knee highs	highs turi
tights	tights
stockings	tōkena
swimsuit, bikini	swimsuit, bikini

Hats Pōtae

hat	Pōtae
trilby hat	trilby pōtae
baseball cap	poipapa pū
flatcap	flatcap
beret	beret
hood	uhi

panama	Panama
knitted hat	parure pōtae
headscarf	headscarf
women's hat	te pōtae a te wahine
hard hat	pōtae
forage cap	forage pū
helmet	potae
bowler	kaiepa
top hat	pōtae runga

Shoes   Hu

footwear	footwear
ankle boots	raparapa pūtu
shoes	hu
boots	Ngā Pūtu
slippers	hiripa
trainers	trainers
plimsolls, pumps	plimsolls, pumps
sandals	here
cobbler	humeka
heel	rekereke
pair	takirua
shoelace	shoelace
to lace up	ki te rehi

shoehorn	shoehorn
shoe polish	hu pourihi

Tissue   Maretai kikonga

cotton	miro
cotton	miro
flax	harakeke
flax	harakeke
silk	hiraka
silk	hiraka
wool	Wūru
woollen	huruhuru
velvet	wereweti
suede	kirinane
corduroy	paparai
nylon	nairona
nylon	nairona
polyester	paparau
polyester	paparau
leather	Kirikau
leather	Kirikau
fur	huruhuru
fur	huruhuru

Accessories   Apatoko

gloves	tutei
mittens	mittens
scarf	kameta
glasses	mōhiti
frame	tāpare
umbrella	hamarara
walking stick	tokotoko
hairbrush	hairbrush
fan	tahi
tie	here
bow tie	here kopere
braces	pūāhua awhi
handkerchief	aikiha
comb	heru
hair slide	kiriata makawe
hairpin	hairpin
buckle	tapine
belt	tātua
shoulder strap	toeke pakihiwi
bag	pēke
handbag	pāhi
rucksack	tueke

Kakahu

fashion	ahua

in vogue	i vogue
fashion designer	kaihoahoa tauira
collar	kara
pocket	Pūkoro
pocket	Pūkoro
sleeve	sleeve
hanging loop	koromeke iri
flies	rere
zip	zip
fastener	kati
button	Pātuhi
buttonhole	buttonhole
to come off	kia puta
to sew	ki te tuitui
to embroider	ki te embroider
embroidery	tuituinga
sewing needle	tuitui ngira
thread	miro
seam	seam
to get dirty	kia whiwhi paruparu
stain	poapoa
to crease, crumple	ki te tarapeke, kopenu
to tear	ki te haehae
clothes moth	purehurehu kākahu

Hygiene and cosmetics · Hygiene me cosmetics

English	Māori
toothpaste	hopiniho
toothbrush	toothbrush
to clean one's teeth	ki te horoi i tētahi niho
razor	heu
shaving cream	heua kirīmi
to shave	ki te kore
soap	hopi
shampoo	riha
scissors	kutikuti
nail file	kōnae
nail clippers	te clippers
tweezers	kopikopi
cosmetics	cosmetics
face mask	hīpoki mata
manicure	manicure
to have a manicure	kia whiwhi manicure
pedicure	pedicure
make-up bag	pēke hanga
face powder	paura kanohi
powder compact	kiato puehu
blusher	blusher
perfume	kakara

toilet water	wai whare paku
lotion	lotion
cologne	cologne
eyeshadow	eyeshadow
eyeliner	eyeliner
mascara	mascara
lipstick	paningutu
nail polish	te pourihi
hair spray	rehu makawe
deodorant	deodorant
cream	kirīmi
face cream	kirīmi kanohi
hand cream	kirīmi ringa
anti-wrinkle cream	ārai korukoru kirīmi
day cream	rā kirīmi
night cream	kirīmi pō
tampon	whakapuru
toilet paper	pepa whare paku
hair dryer	whakamaroke makawe makawe

Jewelry   Jewelry

jewellery	rei
precious	utu nui
hallmark	hallmark
ring	mowhiti

wedding ring	mowhiti mārena
bracelet	poroporo
earrings	nga whakakai
necklace	kohei
crown	karauna
bead necklace	puhita kohei
diamond	Taimana
emerald	Pounamu
ruby	Kurauri
sapphire	hapaira
pearl	peara
amber	amipere

Watch   Mātakitaki

watch	mātakitaki
dial	waea
hand	ringa
bracelet	poroporo
watch strap	mātakitaki toeke
battery	pūhiko
to be flat	kia taka
to change a battery	hei huri i tētahi pūhiko
to run fast	hei whakahaere tere
to run slow	hei whakahaere pōturi

wall clock	karaka pātū
hourglass	tārihāora
sundial	sundial
alarm clock	karaka pūoho
watchmaker	watchmaker
to repair	hei tapi

Food   Kai

Food   Kai

meat	totokore
chicken	Heihei
young chicken	taitama heihei
duck	pārera
goose	kuihi
game	Kēmu
turkey	Tākei
pork	poaka
veal	veal
lamb	reme
beef	mīti kau
rabbit	Rāpiti
sausage	totiti
Vienna sausage	Whiena totiti

bacon	pēkena
ham	hama
gammon	gammon
pate	paniha
liver	ate
lard	paraitia hinu poaka
mince	mīti mōrohe
tongue	arero
egg	Hua
eggs	hēki
egg white	hua mā
egg yolk	tohua hēki
fish	Ika
seafood	kaimoana
crustaceans	crustaceans
caviar	caviar
crab	pāpaka
prawn	prawn
oyster	tio
spiny lobster	papatangaroa koura
octopus	wheke
squid	Ngū
sturgeon	sturgeon
salmon	Hāmana

halibut	halibut
cod	Rāwaru
mackerel	mackerel
tuna	tuna
eel	tuna
trout	taraute
sardine	sardine
pike	tupou
herring	aua
bread	Parāoa
cheese	tīhi
sugar	Huka
salt	tote
rice	raihi
pasta	rimurapa
noodles	noodles
butter	pata
vegetable oil	hinu popoti
sunflower oil	hinu putiputirā
margarine	margarine
olives	oriwa
olive oil	hinu
milk	Waiū
condensed milk	miraka poro

yogurt	yogurt
sour cream	kaiota kirīmi
cream	kirīmi
mayonnaise	mayonnaise
buttercream	buttercream
groats	groats
flour	paraoa
tinned food	tinned kai
cornflakes	kangarere
honey	honi
jam	tāmi
chewing gum	ngaungau kāpia

Drinks   Inu

water	Wai
drinking water	wai inu
mineral water	wai kohuke
still	tonu
carbonated	waireka
sparkling	Korakora
ice	Tio
with ice	me te tio
non-alcoholic	kore-kēkē
soft drink	ringihanga
cool soft drink	whakamatao te inu ngohengohe

lemonade	remoneiti
spirits	nga wairua
wine	waina
white wine	waina mā
red wine	waina whero
liqueur	liqueur
champagne	champagne
vermouth	vermouth
whisky	wehikī
vodka	vodka
gin	tini
cognac	cognac
rum	rama
coffee	kawhe
black coffee	kawhe pango
white coffee	kawhe mā
cappuccino	kaputino
instant coffee	kawhe inamata
milk	Waiū
cocktail	cocktail
milk shake	ruru miraka
juice	wai
tomato juice	tōmatō wai
orange juice	wai karaka

freshly squeezed juice	freshly kōpētia wai
beer	pia
lager	lager
Dark Beer	Pouri pouri
tea	tī
black tea	tī pango
green tea	tī kākāriki

Vegetables Manga

vegetables	manga
greens	nga manga
tomato	tōmatō
cucumber	kūkama
carrot	Taro
potato	Rīwai
onion	riki
garlic	kārika
cabbage	tī
cauliflower	kareparaoa
Brussels sprouts	Paruhi kai
broccoli	pupihi
beetroot	Kūmara
aubergine	otahua
Zucchini	Zucchini

pumpkin	Paukena
turnip	korau
parsley	pahiri
dill	dill
lettuce	rētihi
celery	harere
asparagus	apareka
spinach	rengamutu
pea	wakakano
beans	pini
maize	kānga
kidney bean	takihi pini
bell pepper	pere pepa
radish	ratihi
artichoke	ātitioka

Fruits and Nuts   Hua me te Porowiri

fruit	hua
apple	Āporo
pear	pea
lemon	rēmana
orange	Karaka
strawberry	rohere
tangerine	tangerine
plum	Paramu

peach	pititi
apricot	aperekoti
raspberry	rāhipere
pineapple	painaaporo
banana	panana
watermelon	watamerengi
grape	karepe
sour cherry	kaiota rakau
sweet cherry	rakau reka
melon	Merengi
grapefruit	huarepe
avocado	avocado
papaya	papaya
mango	mango
pomegranate	pamekaranete
redcurrant	redcurrant
blackcurrant	blackcurrant
gooseberry	kuihipere
bilberry	bilberry
blackberry	parakipere
raisin	raisin
fig	piki
date	rā
peanut	pīnati

almond	pākākā
walnut	nata
hazelnut	hānati
coconut	kokonaiti
pistachios	pistachios

Bread and Sweets   Taro me te Rare

confectionery	confectionery
bread	Parāoa
biscuits	pihikete
chocolate	tiakarete
chocolate	tiakarete
sweet	reka
cake	Keke
cake	Keke
pie	porohita
filling	Whakakī
jam	tāmi
marmalade	marmalade
waffle	waffle
ice-cream	kahu kirīmi
pudding	purini

Courses   Ngā akoranga

course, dish	akoranga rihi

cuisine	taohanga
recipe	tohutao
portion	wahi
salad	huarakau
soup	hupa
clear soup	ūkui hupa
sandwich	hanawiti
fried eggs	parāoa paraitia hua
cutlet	cutlet
hamburger	he hāmipēka
steak	Mīti kau
roast meat	kai tunu
garnish	kīnakitia
spaghetti	paketi
mash	penupenu
pizza	parehe
porridge	pāreti
omelette	omareta
boiled	kōhuatia ana
smoked	mina-auahi
fried	parāoa paraitia
dried	maroke
frozen	pātiotio
pickled	pickled

sweet	reka
salty	totetote
cold	mātao
hot	wera
bitter	kawa
tasty	reka
to cook	ki te hoki
to cook	ki te hoki
to fry	ki te parai
to heat up	ki te wera
to salt	ki te tote
to pepper	ki te pepa
to grate	ki te pae kupenga
peel	pīhore
to peel	ki te pīhore

Spices and seasonings — Nga mea kakara me seasonings

salt	tote
salty	totetote
to salt	ki te tote
black pepper	pepa pango
red pepper	pepa whero
mustard	pua nani
horseradish	horseradish

condiment	māhitete mo
spice	kakara
sauce	wairanu
vinegar	winika
anise	anise
basil	basil
cloves	cloves
ginger	kōpī
coriander	korianara
cinnamon	hinamona
sesame	sesame
bay leaf	rau moana
paprika	paprika
caraway	caraway
saffron	saffron

Words for eating Kupu hei kai

food	kai
to eat	ki te kai
breakfast	parakuihi
to have breakfast	kia parakuihi
lunch	tina
to have lunch	kia tina
dinner	hapa
to have dinner	kia hapa

appetite	hiakai
Enjoy your meal!	Kia reka tō kai!
to open	hei tūwhera
to spill	ki te hinu
to spill out	hinu atu
to boil	te kōhua
to boil	te kōhua
boiled	kōhuatia ana
to cool	ki te whakamatao
to cool down	whakamatao raro
taste, flavour	ngao tāwara
aftertaste	aftertaste
to be on a diet	kia noho kai
diet	kai
vitamin	huaora
calorie	pungoi
vegetarian	kaimanga
vegetarian	kaimanga
fats	momona
proteins	proteins
carbohydrates	carbohydrates
slice	poro
piece	wahi
crumb	kongakonga

Paokaoka

spoon	koko
knife	naihi
fork	whāka
cup	kapu
plate	pereti
saucer	hoeha
serviette	parehuhare
toothpick	toothpick

Restaurant Wharekai

restaurant	wharekai
coffee bar	pae kawhe
pub	pāparakāuta
tearoom	tearoom
waiter	weita
waitress	pononga
barman	pamana
menu	tahua
wine list	rārangi waina
to book a table	ki te tāpui i tētahi ripanga
course, dish	akoranga rihi
to order	hei raupapa
to make an order	hei mahi i tētahi

aperitif	aperitif
starter	starter
dessert	purini
bill	pire
to pay the bill	hei utu i te pire
to give change	hei huri i
tip	aki

E karapoti ana

Questionnaire Uiuitanga

name, first name	ingoa, ingoa tuatahi
family name	ingoa whānau
date of birth	Rā whānau
place of birth	Wāhi i whānau ai
nationality	nationality
place of residence	wahi residence
country	whenua
profession	ngaio
gender, sex	momo
height	Teitei
weight	taimaha

Relatives Whanaunga

mother	whaea
father	papa
son	tama a
daughter	tamahine
younger daughter	tamahine
younger son	teina
eldest daughter	tamahine
eldest son	tama matamua
brother	teina
sister	tuahine
cousin	kiritahi
cousin	kiritahi
mummy	whakapakoko
dad, daddy	hōmaitia, daddy
parents	mātua
child	tamaiti
children	tamariki
grandmother	kuia
grandfather	tipuna
grandson	mokopuna
granddaughter	granddaughter
grandchildren	mokopuna
uncle	matua keke
aunt	kōkā

nephew	hei irāmutu
niece	iramutu
mother-in-law	ture-a-whaea
father-in-law	ture-a-matua
son-in-law	tama
stepmother	stepmother
stepfather	stepfather
infant	kohungahunga
baby	pēpi
little boy	tama
wife	wahine
husband	tahu
married	marenatia
married	marenatia
single	kotahi
bachelor	tohu paetahi
divorced	whakarerea
widow	pouaru
widower	pouaru
relative	pātahi
close relative	katia te pātahi
distant relative	pae pātahi
relatives	whanaunga
orphan	pani

guardian	Kaitiaki
to adopt	ki te whakapūmau
to adopt	ki te whakapūmau

Friends and Collegues Hoa me Collegues

friend	hoa
friend, girlfriend	hoa hoa
friendship	rāua whakahoanga
to be friends	kia hoa
pal	pal
pal	pal
partner	hoa
chief	Rangatira
boss, superior	rangatira te
subordinate	awhengaroto
colleague	hoamahi
acquaintance	hoa
fellow traveller	hoa tangata haere
classmate	classmate
neighbour	hoa
neighbour	hoa
neighbours	hoa tata

Words about people Kupu mō ngā tāngata

woman	wahine

girl, young woman	kōtiro
bride, fiancee	wahine whaiaipo
beautiful	ātaahua
tall	roroa
slender	pūhihi
short	poto
blonde	renga
brunette	brunette
ladies'	mohio
virgin	wahine
pregnant	hapū
man	tangata
blond haired man	tangata blond ngahere
dark haired man	tangata ngahere
tall	roroa
short	poto
rude	āhuaatua
stocky	pungerungeru
robust	pakari
strong	kaha
strength	Kaha
stout, fat	pakari
swarthy	swarthy
well-built	poka

elegant	Taiea
Age	**Pakeke**
age	pakeke
youth	taitamarikitanga
young	taitama
younger	taina
older	tawhito ake
young man	Taitāhake
guy, fellow	tangata, te hoa
old man	kaumatua
old woman	kuia
adult	pakeke
middle-aged	koroheke
elderly	iama
old	Tawhito
to retire	ki te whakangariro
pensioner	pensioner
Children	**Tamariki**
child	tamaiti
children	tamariki
twins	mahanga
cradle	pouraka
rattle	rattle
nappy	kope

dummy, comforter	makanga, kaiwhakamarie
pram	pram
nursery	kohanga
babysitter	kaitiaki
childhood	tamarikitanga
doll	taare
toy	takawairore
construction set	huinga hanga
well-bred	poka whakapapatia
ill-bred	mate whakapapatia
spoilt	takakino
to be naughty	kia hīanga
mischievous	nanakia
mischievousness	mischievousness
mischievous child	tamaiti nanakia
obedient	ngohengohe
disobedient	tutu
docile	tino
clever	mātauranga
child prodigy	pōtiki tamaiti

Oranga

Oranga

to kiss	ki te kihi
to kiss	ki te kihi
family	whānau
family	whānau
couple	tokorua
marriage	marena
hearth	takuahi
dynasty	dynasty
date	rā
kiss	kihi
love	Aroha
to love	Aroha
beloved	aroha
tenderness	tenderness
tender	aroha
faithfulness	pono
faithful	pono
	whaitua mo te tangata
	Manaakitanga
newlyweds	newlyweds
honeymoon	honeymoon
to get married	kia haere
to get married	kia haere
wedding	mārena

golden wedding anniversary	mārena koura huritau
lover	whaiaipo
mistress	rangatira
adultery	puremu
to commit adultery	kia puremu
jealous	hae
to be jealous	kia hae
divorce	tokorau
to divorce	ki te tokorau
to quarrel	te ngangau
to be reconciled	kia rongo
together	huihui
sex	momo
happiness	te hari
happy	hari
misfortune	aituā
unhappy	mānehenehe

Feelings   Kōhengi

feeling	ariā
feelings	kōhengi
to feel	kia rongo
hunger	Hiakai
to be hungry	kia mate

thirst	matewai
to be thirsty	kia tūpato
sleepiness	sleepiness
to feel sleepy	kia hiamoe
tiredness	tiredness
tired	ngenge
to get tired	hei tiki i te ngenge
mood	Wairua
boredom	maroke
to be bored	kia hōhā
seclusion	seclusion
to seclude oneself	hei seclude keka
to worry	ki te māharahara
to be worried	kia māharahara
anxiety	māharahara
preoccupied	tauteute
to be nervous	kia āmaimai
to panic	ki te maurirere
hope	tumanako
to hope	kia tumanako
certainty	tuturutanga
certain, sure	ētahi, kia tika
uncertainty	kumukumu
uncertain	ngākaurua

drunk	haurangi
sober	whai whakaaro
weak	ngoikore
happy	hari
to scare	ki te whakamataku
rage	riri
depression	pāuriuri
discomfort	hūhi
comfort	whakamarie
to regret	ki te āwhiti
regret	āwhiti
bad luck	waimarie kino
sadness	hinapōuri
shame	whakama
merriment	merriment
enthusiasm	kaikā
enthusiast	kaingākau
to show enthusiasm	hei whakaatu kaikā

Personal Traits Āhuatanga whaiaro

character	pūāhua
character flaw	torokiri pūāhua
mind	hinengaro
reason	take

conscience	hinengaro
habit	waranga
ability	āhei
can	ka taea
patient	tūroro
impatient	whawhai
curious	whitiki whakairo
curiosity	whakamatemate
modesty	whakamōwai
modest	hūmarie
immodest	potopoto
lazy	māngere
lazy person	tangata māngere
cunning	mohio
cunning	mohio
distrust	distrust
distrustful	distrustful
generosity	Ohaoha
generous	ohaoha
talented	pūmanawa
talent	taranata
courageous	maia
courage	kia maia
honest	pono

honesty	pono
careful	kia tūpato
courageous	maia
serious	tino nui
strict	nohoture
decisive	niwha
indecisive	harapuka
shy, timid	whakamā, kōpīpī
shyness, timidity	shyness, ninihi
confidence	maia
to believe	kia whakapono
trusting, naive	tama, naïve
sincerely	noa
sincere	tinihanga
sincerity	pono
calm	marino
frank	whakapane
naive, naive	naïve, naïve
absent-minded	te hunga ngaro
funny	hangarau
greed	kaiapo
greedy	apo taonga
evil	kino
stubborn	tohetohe

unpleasant	houhou
selfish person	tangata selfish
selfish	selfish
coward	tautauā
cowardly	hauhauā

Sleep Moe

to sleep	moe
sleep, sleeping	moe
dream	moe
to dream	moe
sleepy	hiamoe
bed	Moenga
mattress	moenga
blanket	paraikete
pillow	pera
sheet	rau
insomnia	rererangi
sleepless	sleepless
sleeping pill	pire moe
to take a sleeping pill	hei tango i te pire moe
to feel sleepy	kia hiamoe
to yawn	ki te tūwaharoa
to go to bed	kia haere ki te moenga
to make up the bed	hei hanga i te moenga

to fall asleep	kia taka te moe
nightmare	moepapa
snoring	ngongoro
to snore	ki te ngongoro
alarm clock	karaka pūoho
to wake	ki te whakaoho
to wake up	whakaoho
to get up	kia whiwhi
to wash oneself	hei horoi keka
Laugh	Laugh
humour	whakakatakata
sense of humour	Tuhinga o mua
to have fun	kia ngahau
cheerful	koa
merriment, fun	ngahau, ngahau
smile	ataata
to smile	ia ataata
to start laughing	kia tiimata te kata
to laugh	a kata
laugh, laughter	he kata, he kata
anecdote	anekimehana
funny	whakakatakata
funny	whakakatakata
to joke, to be kidding	ki te kata, hei kauae

joke	haokao
joy	hari
to rejoice	kia hari
glad	koa
Communication	Te Kauhau
communication	kōrero
to communicate	kia whakawhitiwhiti korero
conversation	korerorero
dialogue	korero
discussion	korerorero
debate	tautohetohe
to debate	kia tautohetohe
interlocutor	interlocutor
topic	kaupapa
point of view	Tuhinga o mua
opinion	whakaaro
speech	korero
discussion	korerorero
to discuss	hei korerorero
talk	parau
to talk	ki te korero
meeting	hui
to meet	ka tutaki
proverb	whakatauki

saying	e mea ana
riddle	hiwi
to ask a riddle	ki te uiwi
password	kupuhipa
secret	muna
oath	oati
to swear	ki te oati
promise	fafau
to promise	hei fafau
advice	kupu tohutohu
to advise	ki te tohutohu
to follow one's advice	ki te whai i nga tohutohu a tetahi
news	rongo
sensation	sensation
information	kōrero
conclusion	mutunga
voice	reo
compliment	te whakamoemiti
kind	atawhai
word	kupu
phrase	kīanga
answer	whakautu
truth	pono
lie	teka

thought	whakaaro
idea	whakaaro
fantasy	moemoeā

Talk Korero

respected	whakaute
to respect	ki whakaute
respect	whakaute
Dear...	Tahi ...
to introduce	hei whakauru
to make acquaintance	ki te hanga mohio
intention	moemoeā
to intend	ki te totoro
wish	hiahia
to wish	ki te hiahia
surprise	miharo
to surprise	ki te maere
to be surprised	ki te maere
to give	hoatu
to take	ki te tango
to give back	kia tukuru
to return	kia hoki mai
to apologize	i te hapa
apology	whakapawha

to forgive	fakamagalo
to talk	ki te korero
to listen	ki te whakarongo
to hear... out	whakarongo ... Ka puta
to understand	ia maramarama
to show	ki te whakaatu
to look at ...	ki te titiro ...
to call	Ka karanga
to distract	to distract
to disturb	ki whakarare
to pass	ki te tuku
demand	tono
to request	ki te tono
demand	tono
to demand	ki te tono
to tease	ki te ngana
to mock	ki te tawai
mockery, derision	whakahi, whakahiato
nickname	ingoa ingoa
allusion	whaihua
to allude	ki katoa
to imply	hei whakapaea
description	whakaahuatanga
to describe	ki te whakaahua

praise	whakamoemiti
to praise	kia whakamoemiti
disappointment	whakamua
to disappoint	ki te pororaru
to be disappointed	kia ririri
supposition	whakaaro
to suppose	i whakaaro
warning, caution	whakatūpato, whakatupato
to warn	e whakatupato
to talk into	korero ki
to calm down	kia marino
silence	whakamutua
to keep silent	e noho puku
to whisper	to ruru
whisper	whakaaho
frankly	tika
in my opinion ...	i aku whakaaro ...
detail	taipitopito
detailed	kiko
in detail	taipitopito
hint, clue	tohu, clue
to give a hint	ki te hoatu tohu
look	titiro
to have a look	kia whai mana

fixed	mau tonu
to blink	ngingio
to wink	ki wink
to nod	ki te tihi
sigh	pōuri
to sigh	ki te aue
to shudder	ki te whakangahau
gesture	tohu
to touch	ki pa
to seize	ki te hopu
to tap	paato
Look out!	Titiro!
Really?	Parau mau?
Good luck!	Ka pai!
I see!	Ka kite ahau!
It's a pity!	He tukino!

Agreement and Disagreement — Whakaaetanga me Whakatuakore

consent	whakamana
to agree	whakaae
approval	whakamanatanga
to approve	hei whakamana
refusal	whakakahore
to refuse	ki te paanui
Great!	Nui!

All right!	Tika katoa!
Okay!	Pai!
forbidden	whakahuatia
it's forbidden	kua rore
incorrect	hē
to reject	e paopao
to support	hei tautoko
to accept	hei whakaae
to confirm	whakaū
confirmation	haamauraa
permission	whakaaetanga
to permit	hei tuku
decision	whakatau
to say nothing	kia kaua e korero
condition	huru
excuse	whakahē
praise	whakamoemiti
to praise	kia whakamoemiti

Success and defeat He angitu me te hinga

success	angitu
successfully	me te angitu
successful	angitu
good luck	waimarie pai

Good luck!	Ka pai!
lucky	waimarie
lucky	waimarie
failure	rahua
misfortune	pōkairua
bad luck	waimarie
unsuccessful	kaore i tukua
catastrophe	Te aitua
pride	whakahihi
proud	whakahihi
to be proud	kia whakakake
winner	tangata toa
to win	ki te toa
to lose	ki te ngaro
try	whakamatau
to try	e tamarii
chance	tupono

Te wairua rere

shout	hamama
to shout	kia hamama
to start to cry out	kia tiimata te tangi
quarrel	papare
to quarrel	ki to ngangare
fight	whawhai

to have a fight	ki te whai whawhai
conflict	pakanga
misunderstanding	pōharo
insult	kohukohu
to insult	ki te whakatoi
insulted	whakahi
offence	hara
to offend	ki te hara
to take offence	ki te tango hara
indignation	riri
to be indignant	kia riri koe
complaint	amuamu
to complain	i amuamu
apology	whakapawha
to apologize	i te hapa
to beg pardon	ki te tuku murua
criticism	whakahe
to criticize	no te faahapa
accusation	whakapae
to accuse	kia whakapae
revenge	whakautu
to avenge	ki te utu
to pay back	kia utua ta ratou
disdain	whakamaro

to despise	e whakahawea
hatred, hate	mauahara, kino
to hate	ki te mauahara
nervous	ohoroa
to be nervous	kia poipoia
angry	riri
to make angry	kia riri
to scold???	ki te haehae ???
humiliation	whakahee
to humiliate	ki te tawai
to humiliate oneself	ki te whakahioha ake
shock	ruru
to shock	ki te ruru
trouble	he raru
unpleasant	kareka
fear	ka mau
terrible	whakamiharo
scary	whakamataku
horror	whakamataku
awful	whakamiharo
to begin to tremble	ki te timata ki te wiri
to cry	kia tangi
to start crying	kia tiimata te tangi
tear	roimata

fault	hē
guilt	te hara hara
dishonour	whakahōhā
protest	whakahē
stress	pouri
to disturb	ki whakarare
to be furious	kia riri
angry	riri
to end	ki te mutunga
to be scared	ki whakaware
to hit	ki pangia
to fight	ka whawhai
to settle	to whakatau
discontented	mokemoke
furious	riri
It's not good!	Ehara i te pai!
It's bad!	He kino!

Medicine Te rongoa

Illness   Te mate

illness	mate
to be ill	kia mate
health	hauora

runny nose	ihu poreko
tonsillitis	tonsillitis
cold	makariri
to catch a cold	ki te tiki makariri
bronchitis	Bronchitis
pneumonia	huangō
flu	rewharewha
short-sighted	poto poto-kitenga
long-sighted	roa
squint	pāhau
squint-eyed	kuimai-kanohi
cataract	katarakata
glaucoma	karaati
stroke	whiu
heart attack	whakaeke ngakau
myocardial infarction	huakutaku
paralysis	te mate
to paralyse	ki te pararutiki
allergy	mate pāwera
asthma	mate huangō
diabetes	mate huka
toothache	tokomata korero
caries	toharite
diarrhoea	whanako

constipation	constipation
stomach upset	ngoki te kopu
food poisoning	paitini kai
to poison oneself	ki te paitini
arthritis	haumanu
rickets	matakikiri
rheumatism	reuma
atherosclerosis	atherosclerosis
gastritis	gastritis
appendicitis	āpitihanga
cholecystitis	cholecystitis
ulcer	whewhe
measles	mate korere
German measles	Te huringa Tiamana
jaundice	panui
hepatitis	hepatitis
schizophrenia	schizophrenia
rabies	rarapa
neurosis	neurosis
concussion	wehenga
cancer	mate pukupuku
sclerosis	sclerosis
multiple sclerosis	sclerosis maha
alcoholism	haurangi

alcoholic	waipiro
syphilis	haparehau
AIDS	SIDA
tumour	puku
fever	kirika
malaria	ta te tahuti
gangrene	gangrene
seasickness	kaute
epilepsy	epilepsy
epidemic	mate uruta
typhus	taraipurangi
tuberculosis	ngongo paarua
cholera	cholera
plague	whiu

Symptoms and Treatment — Tohungia me te maimoatanga

symptom	tohu
temperature	pāmahana
fever	kirika
pulse	tena
giddiness	mangere
hot	wera
shivering	whakangahau
pale	koma

cough	Te maroke
to cough	ki te mare
to sneeze	ki te momi
faint	ngoikore
to faint	ki makara
bruise	whakangahau
bump	paerua
to bruise oneself	ki te haehae i a koe ake
bruise	whakangahau
to get bruised	kia whiu
to limp	ki te hika
dislocation	whakamatahi
to dislocate	kia riringi
fracture	pakaru
to have a fracture	ki te whai kiko
cut	tapahi
to cut oneself	ki te tapahi i tena ake
bleeding	toto toto
burn	tahuhu
to burn oneself	ki te tahu kaue
to prickle	ki te prickle
to prickle oneself	ki te prickle ake
to injure	ki te whara
injury	whara

wound	patunga
trauma	trauma
to be delirious	kia raru
to stutter	ki te taha tonu
sunstroke	hau-ra
pain	mamae
splinter	poipoipo
sweat	Pūpū
to sweat	ki te werawha
vomiting	ruaki
convulsions	raupatu
pregnant	hapu
to be born	he whanau
delivery, labour	tuku, mahi
to labour	ki te mahi
abortion	materoto
respiration	whakaihiihi
inhalation	inhalation
exhalation	whakaongaonga
to breathe out	ki te rara
to breathe in	ki te puaki i roto
disabled person	te tangata hauā
cripple	turi
drug addict	te tarukino

deaf	turi
dumb	wahangu
deaf-and-dumb	turi-ngoikore ana
mad, insane	porangi, poauau
madman	haurangi
madwoman	wahine puremu
to go insane	ki te haere wairangi
gene	ira
immunity	whakangahau
hereditary	uri whakapapa
congenital	whaipara
virus	huaketo
microbe	monamona
bacterium	kitakita
infection	mate
hospital	hōhipera
patient	manawanui
diagnosis	tawai
cure	raru
treatment	maimoatanga
to get treatment	ki te tiki maimoatanga
to treat	ki te hamani
to nurse	ki te nēhi
care	tiaki

operation, surgery	mahi, pokanga
to bandage	ki hake
bandaging	haki
vaccination	werohanga
to vaccinate	ki te werahi
injection, shot	injection, pupuhi
to give an injection	ki te hoatu tohu
attack	whakaeke
amputation	whakatakariri
to amputate	ki te kaitautoko
coma	koma
to be in a coma	kia noho i roto i te piko
intensive care	te tino tiaki
to recover	kia ora
state	kāwanatanga
consciousness	kaiarahi
memory	mahara
to extract	ki te rakete
filling	whakaki
to fill	kia whakaki
hypnosis	taha mate
to hypnotize	ki te whakaputa

Medical specialties   Nga mea hauora

doctor	tākuta

nurse	nēhi
private physician	he rata motuhake
dentist	nēhi
ophthalmologist	kaiwhakaputa
general practitioner	mahi katoa
surgeon	taraihi
psychiatrist	turetari
paediatrician	pediatrician
psychologist	hinengaro
gynaecologist	kei te maaruma
cardiologist	kaikuta

Medicines Nga rongoa

medicine, drug	rongoa, te raau taero
remedy	rongoa
to prescribe	ki te tuhituhi
prescription	whakahaunga
tablet, pill	papa, papa
ointment	hinu
ampoule	ampoule
mixture	ranunga
syrup	tirikara
pill	Pirimia
powder	paura

bandage	pēke
cotton wool	huruhuru miro
iodine	iodine
plaster	raima
eyedropper	kanohi kanohi
thermometer	ine pāmahana
syringe	hararei
wheelchair	heri-reti
crutches	crutches
painkiller	mamae hurihuri
laxative	laxative
spirit, ethanol	wairua, etanol
medicinal herbs	nga otaota rongoa
herbal	otaota

Smoking Te Whanui

tobacco	tupeka
cigarette	hikareti
cigar	kaiohu
pipe	putorino
packet	paarua
matches	kiia
matchbox	pouakataki
lighter	māmā ake
ashtray	Pūruru

cigarette case	te hikareti
cigarette holder	kaiarahi tupeka
filter	tātari
to smoke	tuahi
to light a cigarette	ki te pupuhi i te hikareti
smoking	kaiahi
smoker	kai hikareti
cigarette end	te mutunga o te hikareti
smoke	paowa
ash	pungarehu

Made in the USA
Monee, IL
01 January 2023